中国的全面小康

（2021年9月）

中华人民共和国
国务院新闻办公室

人民出版社

目　　录

前　言

小康是中华民族的千年梦想和夙愿。

2021年7月1日,习近平总书记在庆祝中国共产党成立100周年大会上庄严宣告:"经过全党全国各族人民持续奋斗,我们实现了第一个百年奋斗目标,在中华大地上全面建成了小康社会,历史性地解决了绝对贫困问题,正在意气风发向着全面建成社会主义现代化强国的第二个百年奋斗目标迈进。"

100年来,中国共产党团结带领中国人民顽强拼搏,几代人一以贯之、接续奋斗,从"小康之家"到"小康社会",从"总体小康"到"全面小康",从"全面建设"到"全面建成",小康目标不断实现,小康梦想成为现实。

全面建成小康社会,是中华民族的伟大光荣。从百年前饱受欺凌屈辱到实现全面小康,中华民族无比自豪地站立在世界民族之林。全面建成小康社会,中华民族孜孜以求的美好梦想成为现实,标志着实现中华民族伟大复兴向前迈出新的一大步,中华民族迎来了从站起来、富起来到强起来的伟大飞跃。全面建成小康社会,彰显了中华民族对美好生活的向往追求和历经磨难始终不屈不挠、敢于斗争、敢于胜利的精神品格,极大增强了民族自信心自豪感,极大增强了中华民族实现伟大复兴的能力和力量。

全面建成小康社会,是中国人民的伟大光荣。从百年前受奴役受压迫到物质上富起来、精神上强起来,中国人民无比自豪地行进在中国特色社会主义道路上。幸福美好的小康生活,凝聚着中国人民的聪明才智,浸透着中国人民的辛勤汗水,淬炼了中国人民自强不息的奋斗精神,彰显了中国人民为实现梦想顽强拼搏、"敢教日月换新天"的意志品质。中国人民生活水平显著提升,道路自信、理论自信、制度自信、文化自信极大增强。中国人民是勤劳勇敢的人民,是伟大、光荣、英雄的人民。

全面建成小康社会,是中国共产党的伟大光荣。从百年前只有50多名党员到拥有9500多万名党员、领导着14亿多人口大国、具有重大全球影响力的世界第一大执政党,中国共产党无比自豪地走在时代前列。全面建成小康社会,兑现了党向人民、向历史作出的庄严承诺,彰显了党为中国人民谋幸福、为中华民族谋复兴的初心使命,彰显了中国共产党是中国人民攻坚克难、开拓前进的领导者和主心骨。党用实际行动,赢得了人民的信赖和拥护。

全面建成小康社会,是中国对世界的伟大贡献。从百年前山河破碎、衰败凋零到今天蓬勃发展、欣欣向荣,中国无比自豪地屹立在世界东方。中国全面建成小康社会,既发展自己,也造福世界。不断富裕起来的中国人民,不断发展进步的中国,为维护世界和平、促进共同发展注入了正能量,彰显了构建人类命运共同体、建设美好世界的中国力量。

在一个底子薄、基础弱、国情复杂的大国,全面建成惠及十几亿人口的小康社会,极不平凡,极不容易,中国共产党和中国人民付出了长期艰辛努力。全面建成小康社会,中国人民过上了好日子,但还不富足,人民日益增长的美好生活需要和不平衡不充分的发展之间的矛盾仍然存在。中国共产党将团结带领人民,向着实现人的全面发展、全体人民共同富裕继续迈进。

为记录中国全面建成小康社会的伟大历程,介绍中国全面建成小康社会的探索实践,分享中国式现代化建设经验,特发布本白皮书。

一、迈向中华民族伟大复兴的关键一步

　　小康是中华民族自古以来不懈追求的梦想。早在两千多年前,《诗经》就有"民亦劳止,汔可小康。惠此中国,以绥四方"的诗句,《礼记·礼运》描绘了"小康"理想社会状态,反映了中国先人对美好生活的向往和追求。千百年来,中国人民一直梦想实现小康。近代以后,中国逐步成为半殖民地半封建社会,国家蒙辱、人民蒙难、文明蒙尘,中华民族遭受了前所未有的劫难。中国人民始终不屈不挠、奋力抗争,始终为过上幸福美好的生活不懈奋斗。

　　100年前,中国共产党成立,这是开天辟地的大事变。中国共产党一经诞生,就把为中国人民谋幸福、为中华民族谋复兴确立为自己的初心使命。以毛泽东、邓小平、江泽民、胡锦涛、习近平同志为主要代表的中国共产党人,把人民对美好生活的向往作为奋斗目标,团结带领人民接续奋斗、艰苦奋斗、不懈奋斗,不断向着全面建成小康社会迈进。

党团结带领人民,取得新民主主义革命胜利,建立中华人民共和国,完成社会主义革命,确立社会主义基本制度,推进社会主义建设,实现了中华民族有史以来最为广泛而深刻的社会变革,实现了一穷二白、人口众多的东方大国大步迈进社会主义社会的伟大飞跃,为小康社会建设奠定了根本政治前提和制度基础,积累了重要物质基础,提供了强大精神支撑和安全保证。

改革开放新时期,党团结带领人民持续推进小康社会建设,实现了人民生活从温饱不足到总体小康、奔向全面小康的历史性跨越。改革开放之初,邓小平同志首先用"小康"来诠释中国式现代化,提出"小康之家",明确到20世纪末在中国建立一个小康社会的奋斗目标,并指出"所谓小康,从国民生产总值来说,就是年人均达到800美元"。从"小康之家"到"小康社会","小康"这一饱含中华文化深厚底蕴、富有鲜明中国特色、千百年来深深埋藏在中国人民心中的美好愿景,由此成为中国现代化进程的醒目路标。1982年,党的十二大首次把"小康"作为经济建设总的奋斗目标,提出到20世纪末力争使人民的物质文化生活达到小康水平。1987年,党的十三大制定"三步走"现代化发展战略,把20世纪末人民生活达到小康水平作为第二步奋斗目标。1992 年, 在人民温饱问题基本得到解决的基础上, 党的十四大提出到 20 世纪末人民生活由温饱进入小康。1997 年, 党的十五大提出新的 "三步走" 发展战略, 明确到 2010 年使人民的小康生活更加宽裕。经过长期不懈努力, 20 世纪末, 人民生活总体上达到小康水平的目标如期实现。2002 年, 党的十六大针对当时小康低水平、不全面、发展很不平衡的实际, 提出全面建设小康社会目标, 即在 21 世纪头 20 年, 集中力量, 全面建设惠及十几亿人口的更高水平的小康社会, 使经济更加发展、民主更加健全、科教更加进步、文化更加繁荣、社会更加和谐、人民生活更加殷实, 小康社会建设由 "总体小康" 向 "全面小康" 迈进。2007 年, 党的十七大对实现全面建设小康社会的宏伟目标作出全面部署, 在经济、政治、文化、社会、生态文明等方面提出新要求, 全面建设小康社会的目标更全面、内涵更丰富、要求更具体。

进入新时代, 到了需要一鼓作气向全面建成小康社会目标冲刺的关键时刻。以习近平同志为核心的党中央, 团结带领全党和全国人民, 锚定这个宏伟目标, 统筹推进 "五位一体" 总体布局, 协调推进 "四个全面" 战略布局, 攻坚克难, 奋发有为, 向着全面建成小康社会进军。2012 年, 党的十八大提出,在中国共产党成立 100 年时全面建成小康社会,并确定了全面建成小康社会目标,即经济持续健康发展,人民民主不断扩大,文化软实力显著增强,人民生活水平全面提高,资源节约型、环境友好型社会建设取得重大进展。由"全面建设小康"到"全面建成小康",彰显了党团结带领人民夺取全面建成小康社会胜利的坚定决心。2017年,党的十九大科学把握党和国家事业所处的历史方位和发展阶段,全面分析全面建成小康社会的基础条件、内外因素,作出决胜全面建成小康社会、开启全面建设社会主义现代化国家新征程战略部署,吹响了夺取全面建成小康社会伟大胜利的号角。习近平总书记把全面建成小康社会放在治国理政突出位置,提出一系列重要思想重要理念,作出一系列重大决策重大部署,强调,全面建成小康社会,是党向人民、向历史作出的庄严承诺,是实现中华民族伟大复兴中国梦的关键一步;在"四个全面"战略布局中,全面建成小康社会是战略目标、居于引领地位,全面深化改革、全面依法治国、全面从严治党是三大战略举措;全面小康,覆盖的领域要全面、是"五位一体"全面进步,覆盖的人口要全面、是惠及全体人民的小康,覆盖的区域要全面、是城乡区域共同的小康;小康不小康,关键看老乡,全面建成小康社会最艰巨最繁重的任务在农村特别是在贫困地区;必须尽快把影响如期实现全面建成小康社会目标的短板补齐;全面建成小康社会要靠实干,基本实现现代化要靠实干,实现中华民族伟大复兴要靠实干;等等。习近平总书记亲自谋划、亲自指挥、亲自推动全面小康社会建设,团结带领全党和全国人民,战贫困、促改革、抗疫情、治污染、化风险,着力提升人民群众获得感、幸福感、安全感,解决了许多长期想解决而没有解决的难题,办成了许多过去想办而没有办成的大事,党和国家事业取得历史性成就、发生历史性变革。经过全党和全国人民持续奋斗和不懈努力,全面建成小康社会目标如期实现,实现中华民族伟大复兴迈出了关键一步。

2021 年 7 月 1 日,习近平总书记在庆祝中国共产党成立 100 周年大会上庄严宣告,经过全党全国各族人民持续奋斗,我们实现了第一个百年奋斗目标,在中华大地上全面建成了小康社会。

二、全面小康是全面发展的小康

全面小康，重在全面。中国的全面小康，体现发展的平衡性、协调性和可持续性，是物质文明、政治文明、精神文明、社会文明、生态文明协调发展的小康；是不断满足人民日益增长的多样化多层次多方面需求，不断促进人的全面发展的小康；是国家富强、民族振兴、人民幸福，多维度、全方位的小康。

（一）经济持续健康发展

全面小康，经济发展是基础。党把发展作为执政兴国的第一要务，作为解决中国一切问题的基础和关键，团结带领人民以经济建设为中心，不断解放和发展生产力，不断实现更高质量、更有效率、更加公平、更可持续、更为安全的发展，国家经济实力、科技实力和综合国力显著增强。

经济实力大幅提升。中国国内生产总值从 1952 年的 679.1 亿元跃升至 2020 年的 101.6 万亿元，经济总量占全球经济比重超过17%,稳居世界第二大经济体(图1)。人均国内生产总值从1952年的几十美元增至2020年的超过1万美元,实现从低收入国家到中等偏上收入国家的历史性跨越(图2)。制造业增加值多年位居世界首位,220多种工业产品产量居世界第一,自2010年起连续11年位居世界第一制造业大国。中国已是全球货物贸易第一大国、服务贸易第二大国、商品消费第二大国、外汇储备第一大国,2020年利用外资居全球第一。不断迈向共同富裕的14亿多人口,其中有超过4亿并不断扩大的中等收入群体,是全球最具成长性的超大规模市场,中国经济充满活力,具有巨大潜力和充足后劲。2020年,中国率先控制新冠肺炎疫情,率先复工复产,率先实现经济增长由负转正,充分彰显中国经济的强劲韧性。

科技实力跨越式发展。科技支撑起小康梦。从新中国成立初期连火柴、铁钉都要依靠进口,到量子信息、铁基超导、中微子、干细胞、脑科学等前沿方向取得一系列重大原创成果,到载人航天与探月、北斗导航、载人深潜、高速铁路、5G移动通信、超级计算等一大批战略高技术领域取得重大突破,中国跻身创新型国家行列,正在从科技大国迈向科技强国(专栏1)。科技广泛应用于生产领域,创新驱动

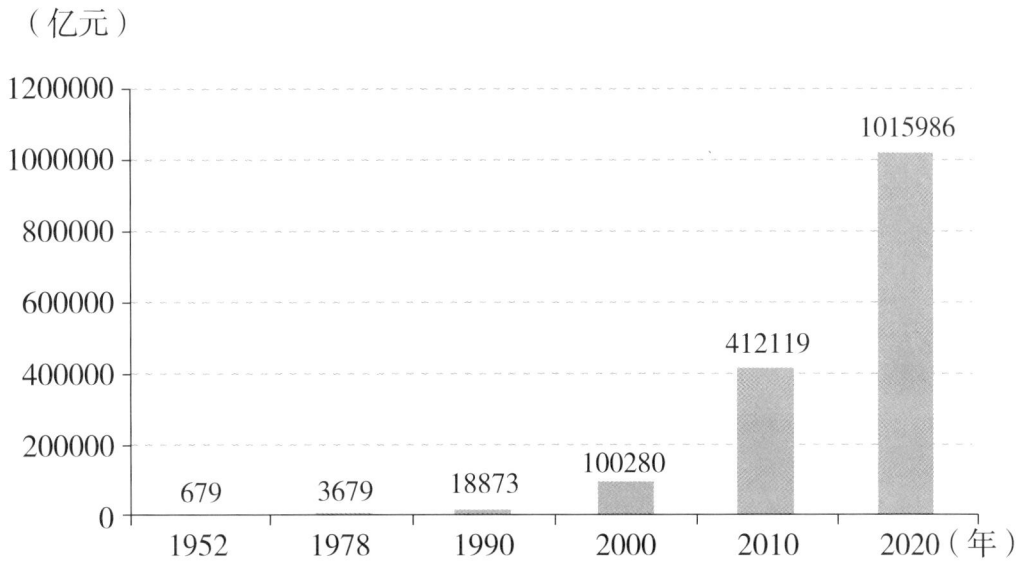

图1　1952年至2020年国内生产总值增长情况

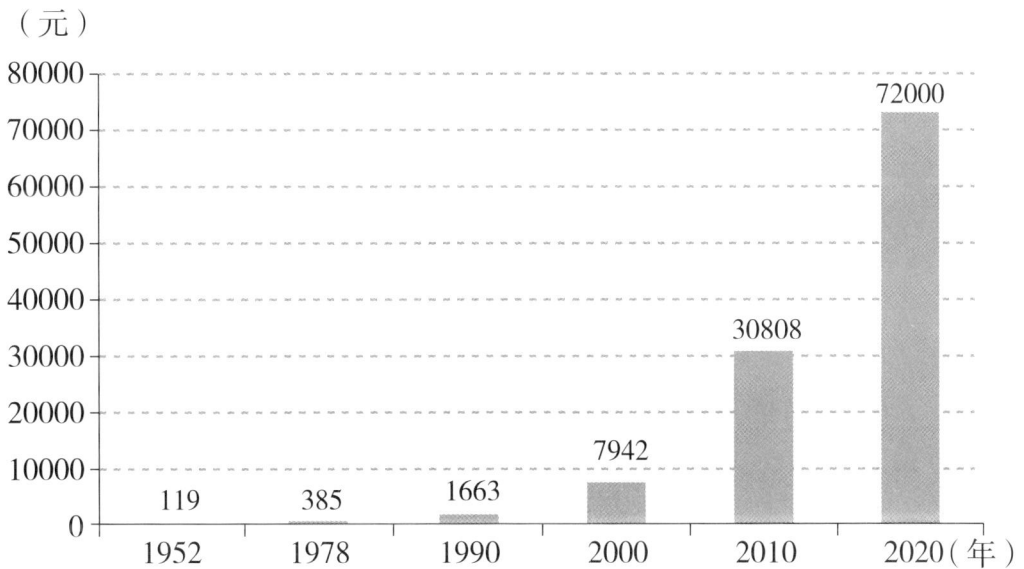

图2　1952年至2020年人均国内生产总值增长情况

发展成效显著,科技进步贡献率超过60%。科技显著提升治理水平,数字政府、数字社会、数字乡村、智慧城市、"互联网+政务服务"等加快普及,网格化网络化智能化治理渐成常态。科技深刻改变人们的生活,网络点餐购物、移动扫码支付、网约车出行、共享单车出行、线上办公、在线教育、远程医疗、智能家居等,给人们带来的不仅是更多的便利,还有更充分的自由、更全面的发展。

专栏1 科技发展和战略性创新成果

科技研发投入不断加大。2020年,中国研发经费支出2.44万亿元,稳居世界第二,投入强度达2.4%。中国发明专利申请数和授权数分别达134.5万件、44.1万件;通过《专利合作条约》途径提交的国际专利申请量达6.9万件;每万人口发明专利拥有量(不含港澳台)达15.8件。中国位列全球创新指数排名第14位,是前30名中唯一的中等收入经济体。

科技创新基地不断增多。截至2020年底,国家重点实验室达533个,累计建设国家工程研究中心(国家工程实验室)350个,国家企业技术中心1636家;大众创业万众创新示范基地212家,国家级科技企业孵化器1287家,国家备案众创空间2251家。目前,中国正在支持北京、上海、粤港澳大湾区形成国际科技创新中心,建设北京怀柔、上海张江、大湾区、安徽合肥综合性国家科学中心。

基础研究和战略高技术领域取得重大突破。量子通信卫星"墨子"、X射线空间天文卫星"慧眼"、暗物质粒子探测卫星"悟空"、火星探测器"天问一号"成功发射,探月工程"嫦娥四号"首次登陆月球背面,北斗导航卫星实现全球组网,500米口径球面射电望远镜(FAST)落成启用,成功研制"海翼""潜龙""探索""海斗""海星"等谱系化深海科研设备,"奋斗者"号全海深载人潜水器成功完成万米海试,国产大飞机、高速铁路、三代核电、新能源汽车等领域取得一批在世界上有影响的重大成果。

产业结构优化升级。中国已建成世界上最完整的产业体系,产业发展持续向中高端迈进。三次产业增加值之比从1952年的50.5∶20.8∶28.7到2020年的7.7∶37.8∶54.5,中国从传统农业大国成为工业大国、服务业大国(图3),中国经济从依赖单一产业为主转向依靠三次产业共同带动。农业现代化成效显著,机械化、数字化、绿色化、功能化、共享化水平明显提高,广大农民逐步告别"面朝黄土背朝天、一身力气百身汗"的辛劳,农村生产力极大解放;粮食生产能力稳步提升,实现谷物基本自给,中国人把饭碗牢牢端在自己手中。中国建成门类齐全、独立完整的现代工业体系,工业化和信息化融合发展的广度和深度不断拓展,"中国制造"向"中国智造"转型升级,产业链供应链现代化水平进一步提升。以新一代信息技术、生物技术、高端装备、绿色环保为代表的战略性新兴产业发展迅速,成为引领高质量发展的重要引擎。数字经济激发经济发展新活力,产业数字化和数字产业化趋势加快。现代服务业加速发展,以"互联网+"为标志的新业态、新模式层出不穷,平台经济、共享经济蓬勃兴起,生产性服务业向专业化和高端化发展,生活性服务业向精细化和高品质转变。产业结构的优化升级促进了经济更加均衡、更加充分的发展,人们个性化品质化多样化需求不断得到满足。

（％）

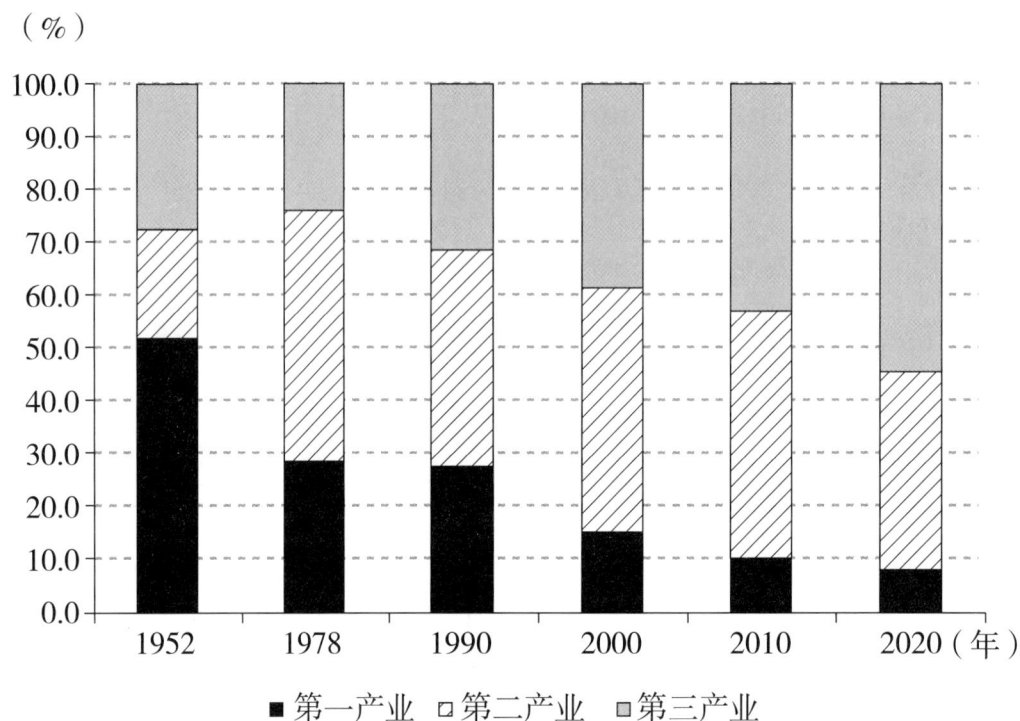

图3　1952年至2020年三次产业增加值变化情况

现代基础设施网络持续完善。信息畅通、公路成网、铁路密布、大桥巍峨，天涯成咫尺，天堑变通途（专栏2）。"五纵五横"综合运输大通道基本贯通，高速铁路、高速公路、城市轨道交通运营总里程和港口深水泊位数量均居世界第一，民航运输总周转量连续多年位居世界第二，中国加快向交通强国迈进。四通八达的交通网络深刻影响了城市格局、人口布局和经济版图，深刻改变了人们的生活圈、工作圈。能源供给保障能力和能源开发技术水平持续提升，能源开发效率明显提高,基本形成煤、油、气、核和可再生能源多轮驱动高质量发展的能源生产体系。水利基础设施不断完善,中国以占世界6.6%的淡水资源支持和保障了占世界近20%的人口和17%的经济总量。互联网基础设施建设加速推进,网络覆盖越来越广、资费越来越低、网速越来越快,随时随地可以一键互联、一"网"打尽,信息高速路畅通了人民幸福路。

专栏2　基础设施建设成就

基础设施网络规模居世界前列。2020年,中国铁路营业里程为14.6万公里,其中,高铁营运总里程为3.8万公里,中国已建成世界上最现代化的铁路网和最发达的高铁网。全国高速公路里程为16.1万公里,建成了全球最大的高速公路网络。全国港口生产用码头泊位22142个,其中万吨级以上泊位2592个,内河航道总里程12.77万公里,中国万吨级以上泊位数、内河航道通航里程位居世界第一。在全球港口货物吞吐量和集装箱吞吐量排名前10的港口中,中国港口分别占有8席和7席,沿海主要港口专业化码头装卸效率世界领先,引领全球港口智能化发展。中国海运班轮通联指数和内河货运量居世界第一。民航运输机场为241个。中国大、中运量城市轨道交通运营总里程为6667.5公里,成为全球开通地铁城市最多的国家。邮路和快递服务网路总长度(单程)达5278.8万公里。

互联网快速发展普及。截至2021年6月,中国已建设开通5G基站96万个,5G终端连接数达3.65亿,固定宽带家庭普及率、移动宽带用户普及率分别达到96%、108%,网民超过10亿。

（二）人民民主不断扩大

全面小康，既有效保障人民经济权利，也有效保障人民政治权利。党领导人民走中国特色社会主义政治发展道路，坚持党的领导、人民当家作主、依法治国有机统一，发展全过程人民民主，民主从价值理念成为扎根中国大地的制度形态、治理机制和人民的生活方式。中国人民当家作主，依法享有广泛、充分、真实的民主，真正成为国家、社会和自己命运的主人。

人民享有广泛民主权利。在中国，国家一切权力属于人民。人民依法实行民主选举、民主协商、民主决策、民主管理、民主监督（专栏3）。在中国，年满18周岁、具有中华人民共和国国籍、依法享有政治权利的公民，都有选举权和被选举权。坚持普遍、平等、直接选举和间接选举相结合以及差额选举、无记名投票的原则，依法保障人人享有平等的选举权利。社会主义协商民主广泛多层制度化发展，人民通过各种途径、渠道、方式，就改革发展稳定重大问题，特别是事关人民切身利益的问题广泛协商，找到全社会意愿和要求的最大公约数。党和国家制定实施重大决策，广泛征求和听取各方面意见，最大限度吸纳民意、汇集民智、凝聚民力,努力实现决策科学化民主化。人民广泛、直接参与社会事务管理,实现自我管理、自我服务、自我教育、自我监督。人民依照宪法和法律规定,有权对国家机关和国家工作人员提出批评和建议,有权对国家机关和国家工作人员的违法失职行为提出申诉、控告或者检举。民主选举、民主协商、民主决策、民主管理、民主监督各个环节环环相扣、彼此贯通,实现过程民主和结果民主、形式民主和实质民主、直接民主和间接民主相统一,保障了人民的知情权、参与权、表达权、监督权。

专栏3 全过程人民民主

第十三届全国人民代表大会代表中,一线工人、农民代表占15.7%,56个民族都有本民族代表。政协第十三届全国委员会委员中,非中共委员占60.2%。妇女参与决策和管理的比例越来越高,第十三届全国人民代表大会有女代表742人,占24.9%;政协第十三届全国委员会有女委员441人,占20.4%。

党的十八大以来,共有187件次法律草案向社会征求意见,有约110万人次提出300多万条意见建议,许多重要意见得到采纳。民法典编纂过程中,先后10次向社会公开征求意见,共收到42.5万人提出的102万余条意见。"十四五"规划编制工作开展网上征求意见时,短短两周时间,累计收到超过101.8万条建言。全国人大常委会已先后设立10个基层立法联系点,截至2021年6月,各立法联系点对109部法律草案、立法工作计划等提出近6600条意见建议,许多好的意见建议被吸收采纳。

党的十八大以来,中共中央召开或委托有关部门召开政党协商会议

170 余次,就中国共产党全国代表大会和中央全会报告、制定"十四五"规划建议等重大问题同党外人士真诚协商、听取意见。各民主党派中央、无党派人士提出书面意见建议 730 余件,许多转化为国家重大决策。自全国政协十三届一次会议至 2021 年 6 月,全国政协共收到提案 23089 件。

脱贫攻坚期间,中共中央委托各民主党派中央分别对口 8 个脱贫攻坚任务重的中西部省区,开展脱贫攻坚民主监督工作。各民主党派共有 3.6 万余人次参与脱贫攻坚民主监督工作,向对口省区各级党委和政府提出意见建议 2400 余条,向中共中央、国务院报送各类报告 80 余份。

人民的民主生活丰富多彩。中国的民主好不好,中国人民感受最真切、最有发言权。察民情、聚民智、解民忧,问需于民、问计于民,是党执政的重要方式、政府治理的重要方式。在中国,民主蔚然成风,人们心情舒畅,社会充满生机活力。从衣食住行、看病上学到社区管理、社会治理,再到大政方针、发展规划,人民的意见建议都可以通过民主渠道表达出来。民主恳谈会、听证会、网络议政、远程协商、"立法直通车"、"小院议事厅"、"板凳民主"等等,一个个火热的基层民主实践、一个个别具特色的基层民主形式不断涌现,民事民议、民事民定、民事民办渐成风气。中国式民主让人民的期盼、希望、诉求有地方说、说了有人听、听了有反馈,真正解决人民想要解决的问题,真正把 14 亿多人的所思所盼融入国家发展,形成万众一心、团结奋斗的局面。

人民民主有制度保障。以人民代表大会制度这一根本政治制度,中国共产党领导的多党合作和政治协商制度、民族区域自治制度、基层群众自治制度等基本政治制度为主要内容的人民当家作主制度体系,为维护人民利益奠定了坚实制度基础。全国人民代表大会和地方各级人民代表大会是人民行使国家权力的机关,各级人大都由民主选举产生,对人民负责、受人民监督;各级国家机关都由人大产生、对人大负责、受人大监督;各级人大代表都由民主选举产生,忠实代表人民利益和意志,依法参加行使国家权力。中国共产党领导的多党合作和政治协商制度这一新型政党制度,以共产党领导、多党派合作,共产党执政、多党派参政为基本特征,实现了执政与参政、领导与合作、协商与监督的有机统一,在内容上体现了人民的权利诉求,在程序上体现了人民当家作主。民族区域自治制度,既保证了国家团结统一,又实现了各民族共同当家作主,推动了民族地区发展,促进了民族团结,56 个民族像石榴籽一样紧紧抱在一起,极大增强了中华民族凝聚力、向心力。基层群众自治制度,保障人民通过村民委员会、城市居民委员会等多种形式直接行使民主权利,提升了基层治理实效。以职工代表大会为基本形式的企事业单位民主管理制度,对于保障职工的合法权益和主人翁地位,调动职工积极性,推动企事业发展,发挥了积极作用。以宪法为核心的中国特色社会主义法律体系不断完善,为人民当家作主提供了坚实的法律制度保障。

社会公平正义不断彰显。依法治国基本方略全面落实,依法治国、依法执政、依法行政共同推进,法治国家、法治政府、法治社会一体建设,司法体制机制改革深入推进,法治在体现人民利益、反映人民愿望、维护人民权利、增进人民福祉方面的作用更加彰显。社会公平正义的法治价值追求逐渐贯穿到立法、执法、司法、守法的全过程和各方面,司法为民理念充分践行,司法公信力显著提升。公平正义的阳光照进人民心田,让人民群众在每一个司法案件中都感受到公平正义的目标不断实现。

(三) 文化更加繁荣发展

全面小康,是物质文明和精神文明协调发展的小康,既是国家经济实力增强,也是国家文化软实力提升;既是人民仓廪实、衣食足,也是人民知礼节、明荣辱。党领导人民坚持走中国特色社会主义文化发展道路,增强文化自觉,坚定文化自信,建设社会主义文化强国,铸就了巍峨耸立的中华民族精神大厦。中国人民的精神生活更加丰富,精神面貌深刻改变,精神力量显著增强。

人民共同奋斗的思想基础更加牢固。中国特色社会主义和中国梦深入人心,共产党好、社会主义好、改革开放好、伟大祖国好、各族人民好的时代主旋律高亢响亮,全体人民道路自信、理论自信、制度自信、文化自信显著增强。社会主义核心价值观传播践行,爱国主义精神、改革创新精神、新时代奋斗精神广泛弘扬,积极进取、开放包容、理性平和的国民心态更加成熟。人民英雄、时代楷模、道德模范成为新时代的明星偶像,全社会日益形成见贤思齐、崇尚英雄、争做先锋的良好氛围。革命文化大力弘扬,红色故事广为传诵,红色旅游成为时尚,红色传统焕发时代光芒,人们在感悟革命历史中接受精神洗礼、传承红色基因、汲取前进力量。新闻媒体、影视出版、文学艺术、网络空间等,坚持正确舆论导向,充分展示昂扬向上的社会主流,积极反映发展进步的社会本质,大力营造团结奋进的社会氛围,全社会充满向美向上向善的正能量。构筑中华民族共有精神家园,中华民族共同体意识不断铸牢。

人民精神文化生活日益丰富活跃(专栏4)。从农家书屋、乡镇综合文化站,到城市公共图书馆、博物馆、文化馆、美术馆,覆盖城乡的公共文化设施网络持续完善,基本实现免费或低价开放,公共文化服务的丰富性、便利性、均等性显著增强。数字图书馆、公共文化云平台、"云端博物馆"蓬勃兴起,人们足不出户就能在线享受优质公共文化服务。文化产业持续健康发展,新型文化企业、文化业态、文化消费模式加速形成,网络文化产业迅猛发展,时尚的文化场馆、高质量的文化产品、具有创意的文化活动更好满足人们个性化多样化品质化国际化的文化需求。影视出版繁荣发展,"暑期档""国庆档""春节档"大片云集,精品图书不断呈现,人们享受越来越多的高品质文化盛宴。文化娱乐领域乱象有效整治,天清气朗风气正在形成。中外文化交流日益扩大,人们不出国门也能欣赏世界顶级文艺演出。文化与旅游融合发展,旅游景区、休闲度假、乡村旅游、红色旅游等旅游产品文化内涵不断提升,成为传播社会主义核心价值观的重要渠道、满足人民群众文化和旅游消费需求的重要方式、展示美丽中国的重要窗口,人们在行走中华大地、领略大好河山中感悟中华文化之美、陶冶心灵情操。全民健身热悄然兴起,从竞技体育到群众性体育活动,从国际赛事摘金夺银到闲暇时跳起欢快的广场舞,全民健身强健着民族筋骨、强大着民族力量,中国正在从体育大国迈向体育强国。

专栏4　文化旅游事业发展成就

文化事业繁荣兴盛。截至2020年底,全国共有公共图书馆3212个、美术馆618个、博物馆5788家、文化馆3327个、乡镇综合文化站32825个、村级综合性文化服务中心57.5万多个。所有公共图书馆、文化馆、文化站、美术馆和90%以上的博物馆已实行免费开放。广播节目综合人口覆盖率为99.4%,电视节目综合人口覆盖率为99.6%。全国共有体育场地371.3万个,体育场地面积31亿平方米,人均体育场地面积达2.2平方米,行政村"农民体育健身工程"基本实现全覆盖。

文化产业快速发展。2020年,全国规模以上文化企业6万家,实现营收98514亿元;规模以上文化新业态营收占比达到31.9%;截至年底,全国共有国家级文化产业示范园区19家。2020年,文化及相关产业增加值44552亿元,占GDP比重4.39%。

旅游产品供给更加丰富。截至2021年6月底,全国已有A级旅游景区1.3万多家,其中5A级景区306个;国家级旅游度假区45个,省级旅游度假区583个,全国红色旅游经典景区300家,全国乡村旅游重点村镇1299个。

中华优秀传统文化传承弘扬。中华优秀传统文化创造性转化、创新性发展,焕发新的生机活力,延续了民族文化血脉,凝聚了民族精神,点亮了人们的小康生活。越来越多的传统经典、戏曲、音乐、舞蹈、书画等走进校园、走进课堂,挥毫泼墨、吟诗诵词成为青少年的新时尚。收藏在博物馆里的文物、陈列在大地上的遗产、书写在古籍里的文字都

"活"了起来,世代相传的非物质文化遗产绽放出更加迷人的光彩,传统文化更可游可感可知、更好懂好听好读。考古研究成果丰硕,实证中华文明起源和发展的历史脉络和灿烂成就。越来越多的人陶醉于古典艺术的芳华流韵、国家宝藏的博大精深,从中感受中华文明的源远流长、中国历史的灿烂辉煌。春节、元宵节、端午节、中秋节等传统节日,传承文化基因,丰富时代内涵,注入时尚元素,融入现代生活。讲仁爱、重民本、守诚信、崇正义、尚和合、求大同,孝老爱亲、自强不息、敬业乐群、扶正扬善、扶危济困、见义勇为等中华优秀传统文化中的思想观念、人文精神、道德规范传承弘扬,集体意识、团结精神、奋斗品质、家国情怀等中华民族优秀品格发扬光大,凝聚起中国人民的精神力量。

中华文化走出去步伐不断加大。中医药、武术、京剧、茶道等中国优秀传统文化走向世界,中国电影走出国门,美食美景受到热捧,影视综艺、网络文学、流行音乐广受欢迎。56处世界遗产向世人展示全面真实的古代中国和现代中国。中华文化在国际上的亲和力感召力不断提升。

(四)民生福祉显著提升

全面小康,以人为本,民生为先。党坚持以人民为中心的发展思想,把改善人民生活、增进人民福祉作为出发点和落脚点,不断解决关系人民切身利益的突出问题,不断提升人民的获得感、幸福感、安全感。14亿多中国人民过上了几千年梦寐以求的好日子,生存权和发展权得到有效保障,幼有所育、学有所教、劳有所得、病有所医、老有所养、住有所居、弱有所扶更好实现。

人民生活水平显著提高。居民收入持续增加,全国居民人均年可支配收入从1978年的171元增加到2020年的32189元(图4)。城乡居民恩格尔系数分别从1978年的57.5%、67.7%下降到2020年的29.2%、32.7%(图5),城乡居民生活质量不断提升。温饱问题解决后,人们对生活品质、品位有了更高的追求,衣食住行不断升级,消费结构从生存型逐渐向发展型、享受型过渡。衣,从穿暖到穿美、穿出时尚;食,从吃饱到吃好、吃出健康;住,从有所居到更敞亮、更宜居;行,从便利通畅到快捷舒适。吃穿用有余,家电全面普及,乘用汽车快速进入寻常百姓家。餐饮、健康、教育、旅游、文娱等服务性消费持续快速增长,在居民人均消费支出中占比逐渐达到一半左右。越来越多的人有"钱"有"闲","诗和远方"更加触手可及,"说走就走"不再是梦想,旅游扮靓人们的幸福生活,中国正在进入大众旅游时代。

（元）

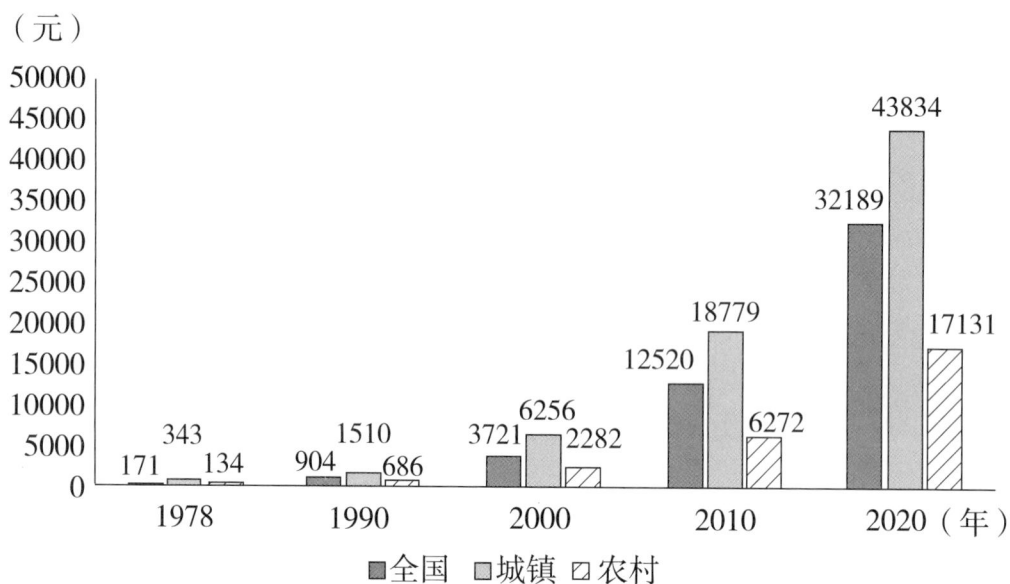

图 4　1978 年至 2020 年全国城乡居民人均年可支配收入增长情况

（%）

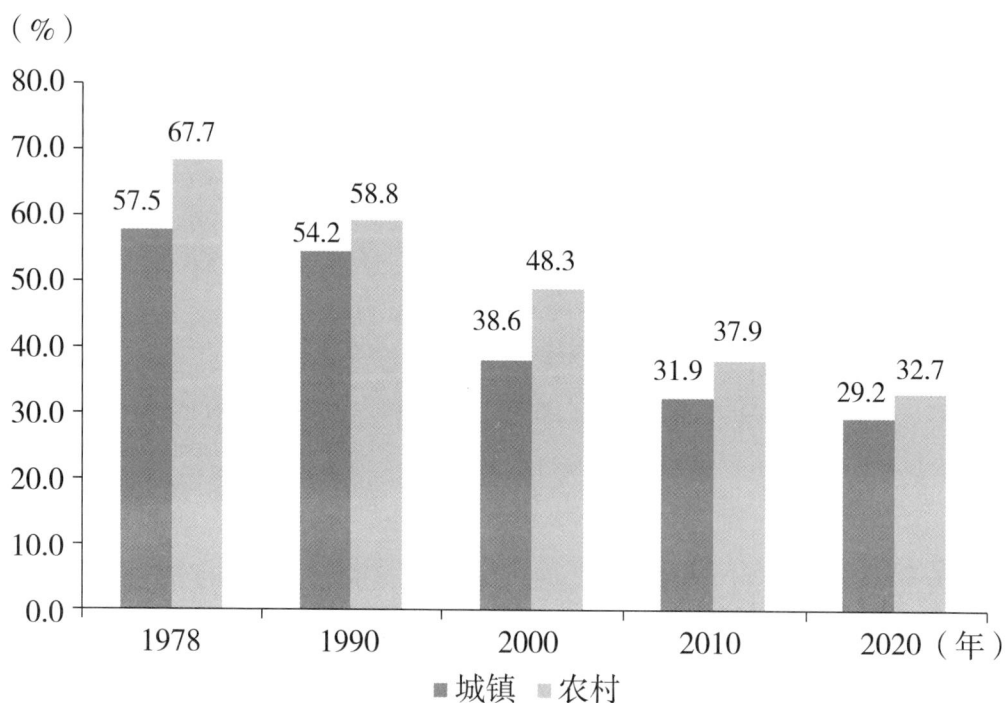

图 5　1978 年至 2020 年城乡居民恩格尔系数变化情况

就业局势长期稳定,就业质量显著提升。就业人数从1949年的1.8亿增加到2020年的7.5亿,就业规模不断扩大;从绝大多数劳动者以农业为生到第三产业就业人数占47.7%(图6)、城镇就业人数占61.6%(图7),就业结构不断优化;从劳动者普遍处于文盲半文盲状态到劳动年龄人口平均受教育年限10.8年、技能人才总量约2亿,就业人员素质大幅提高。亿万劳动者拥有自己热爱的工作,开启幸福生活的大门。从计划分配到市场就业、自由择业、自主创业,从传统就业方式到新就业形态,劳动者的就业观念深刻变革、就业空间更加广阔、就业方式日益多元。人们的兴趣爱好、特长禀赋与个人就业意愿、社会需求、国家需要更好结合,自我价值更好实现,主动性创造性显著增强,创新创造热情不断迸发。劳动者合法权益得到保障,劳动报酬保持增长,劳动所得受到保护,人们越来越有尊严地劳动、快乐地劳动,依靠自己的双手创造美好生活。从"单休制"到"双休制",从"黄金周"到带薪年休假,劳动者休息休假权益越来越有保障,工作生活更加平衡。劳动最光荣、最崇高、最伟大、最美丽日益成为全社会的共识和行动,勤奋做事、勤勉为人、勤劳致富成为风尚,崇尚劳动、尊重劳动、热爱劳动的社会氛围更加浓厚。

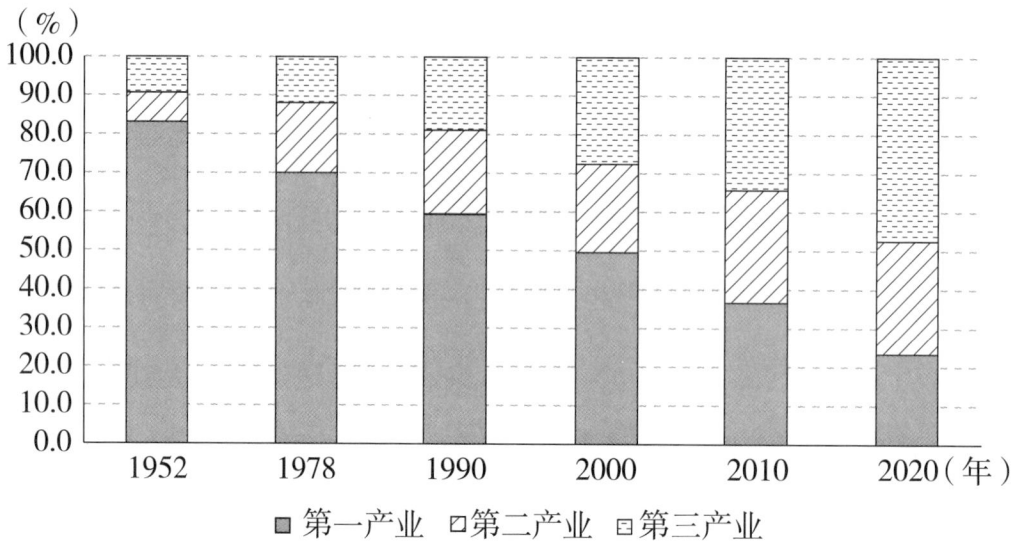

图 6　1952 年至 2020 年三次产业就业结构变化情况

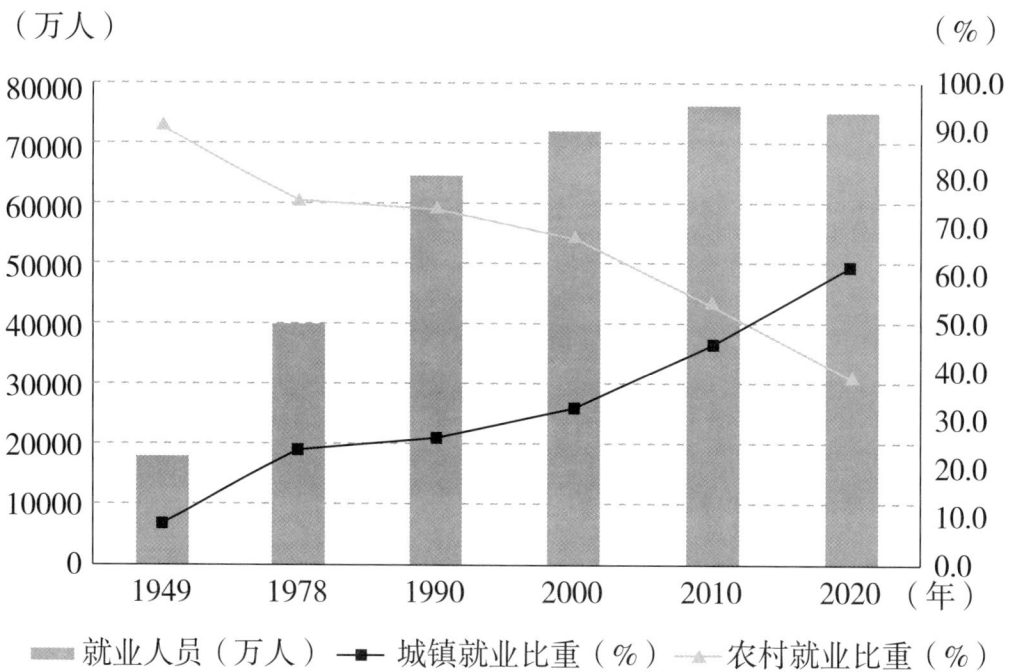

图 7　1949 年至 2020 年城乡就业人员及结构变化情况

教育事业蓬勃发展。从文盲半文盲大国到教育大国、迈向教育强国,从人口大国到人力资源大国、迈向人力资源强国,中国已建成包括学前教育、初等教育、中等教育、高等教育等在内的当代世界规模最大的教育体系,教育现代化发展总体水平跨入世界中上国家行列(专栏5,表1)。学前教育普及率、普惠率超过84%,九年义务教育巩固率达到95%以上,高中阶段教育全面普及,区域、城乡、校际教育差距逐步缩小,从"有学上"到"上好学"、从"学有所教"到"学有优教",中国基础教育跨越式发展,让每个孩子都能享有公平而有质量的教育正在变为现实。中国高等学校累计培养近亿名高素质专门人才,高等教育进入普及化阶段,教育水平跃升至世界中上国家水平。职业技术教育不断发展,为经济社会发展输送大量高素质技能人才,培养越来越多的能工巧匠、大国工匠。特殊教育从无到有、加快发展,残疾人享有平等受教育权正在实现。网络化、数字化、个性化、终身化的学习体系加快构建,"人人皆学、处处能学、时时可学"的学习型社会正在形成,学习逐渐成为人们的日常习惯和生活方式。中国的教育,畅通了向上流动的通道,改变了无数人的命运,实现了无数人的梦想,让人们拥有更多人生出彩的机会。

2020 年,中国各级各类学校 53.71 万所,在校学生 2.89 亿人,专任教师 1792.97 万人。学前教育毛入园率达 85.2%,九年义务教育巩固率达 95.2%,小学学龄儿童净入学率达 99.96%,初中阶段毛入学率达 102.5%,96.8% 的县实现义务教育基本均衡发展;高中阶段毛入学率达 91.2%;高等教育毛入学率达 54.4%。全国中小学(含教学点)网络接入率达到 100%,未联网学校实现动态清零,98.35% 的中小学拥有多媒体教室。

表 1   各级教育普及情况

指标/年度	1949 年	1978 年	2000 年	2020 年
学前教育毛入园率	0.4%(1950 年)	10.6%	46.1%	85.2%
小学学龄儿童净入学率	20.0%	94.0%	99.1%	99.96%
初中阶段毛入学率	3.1%	66.4%	88.6%	102.5%
高中阶段毛入学率	1.1%	35.1%	42.8%	91.2%
高等教育毛入学率	0.26%	2.7%	12.5%	54.4%

社会保障惠及全民。中国基本建成包括社会保险、社会救助、社会福利、社会优抚在内的世界上规模最大的社会保障体系,正向全覆盖、保基本、多层次、可持续的目标迈进。截至 2021 年 6 月底,全国基本养老、失业、工伤保险参保人数分别达到 10.14 亿人、2.22 亿人、2.74 亿人,基本医疗保险覆盖超过 13 亿人。生育保险依法覆盖所有用工单

位及职工。住房保障力度不断加大,累计建设各类保障性住房和棚改安置房 8000 多万套,帮助 2 亿多困难群众改善住房条件,低保、低收入住房困难家庭基本实现应保尽保,中等偏下收入家庭住房条件有效改善。积极应对人口老龄化上升为国家战略,居家社区机构相协调、医养康养相结合的养老服务体系加快建立,多数城市社区初步形成助餐、助医、助洁等为主体的"一刻钟"居家养老服务圈,越来越多的农村社区建起村级幸福院、日间照料中心等养老服务设施,城乡普惠型养老服务、互助型养老进一步发展,广大老年人不离家、不离村就能享受到专业养老服务,老有所养、老有所依、老有所乐、老有所安的目标不断实现。残疾人权益保障更加有力,8500 万残疾人同步迈入小康。儿童福利和未成年人保护体系不断完善,有力保障了儿童健康和全面发展。越织越密的社会保障安全网,充分发挥可持续的托底作用,人们工作更安心、生活更舒心、对未来更有信心。

全民健康托起全面小康。新中国成立以来,从疫病横行到可防可控,从缺医少药到病有所医,从只能本地报销到逐步异地结算,从单纯医院就医到家庭医生签约服务覆盖面不断扩大,中国医疗卫生体系逐步健全,医疗资源配置进一步优化,人们看病难、看病贵的问题逐步得到缓解(专栏

6)。医疗技术水平和服务能力不断提升,"互联网+医疗健康"持续发展,医药价格逐步回归合理水平,越来越多的常用药、救命药纳入医保目录,人民群众看得上病、看得起病、看得好病。城乡基本医疗公共服务均等化不断推进,农村医疗卫生服务体系持续改善,医疗保障制度不断健全,农村居民看病就医有地方、有医生、有保障,因病致贫、因病返贫问题得到有效解决。健康中国行动加快推进,全民健身和全民健康持续融合,有利于健康的生活方式、生产方式、经济社会发展模式和治理模式正在形成。人民健康水平不断提升,从新中国成立之初处于世界平均水平到现在处于中等收入国家前列。中国取得抗击新冠肺炎疫情重大战略成果,中国医疗卫生体制的优越性进一步彰显,人民生命健康得到有效维护。

专栏6　医疗卫生事业发展成就

中国立足国情,坚持预防为主工作方针,不断健全覆盖城乡的三级医疗卫生服务网络,保障了占世界近20%人口的看病就医问题。2020年,中国医疗卫生机构数为102.3万个,医疗卫生机构床位数、卫生技术人员数分别为910.1万张、1067.8万人。基本形成了包括疾病预防控制、健康教育、妇幼保健、精神卫生防治等各种专业机构在内的公共卫生服务体系,持续推进基本公共卫生服务均等化,人均基本公共卫生服务经费补助标准从2009年的15元提高到2020年的74元,将国家基本公

共卫生服务项目 12 类和地方病防治等 19 项服务项目合并为基本公共卫生服务,免费向全体城乡居民提供。中国人均预期寿命从 1981 年的 67.8 岁增长到 2019 年的 77.3 岁;婴儿死亡率从改革开放初期的 37.6‰ 下降到 2020 年的 5.4‰;孕产妇死亡率从 2002 年的 43.2/10 万下降到 2020 年的 16.9/10 万。

人民群众安全感不断提升。从社会管理到社会治理,从加快形成科学有效的社会治理体制到打造共建共治共享的社会治理格局,社会治理的社会化、法治化、智能化、专业化水平不断提升,建设更高水平的平安中国成效显著。社会治安防控体系持续完善,防控触角延伸到“最后一公里”,人民群众的安全感和满意度显著提高。扫黑除恶专项斗争深入开展,打“网”破“伞”重拳出击,黑恶势力有效铲除,黑恶犯罪根本遏制,社会治安环境显著改善,法治权威充分彰显,人民群众拍手称快。小事不出村、大事不出镇、矛盾不上交,基层社会矛盾预防和化解能力显著增强。网格化管理、精细化服务、信息化支撑、开放共享的基层管理服务体系不断完善,基层治理新格局逐步形成,市域社会治理现代化稳步推进,社会治理整体效能显著提升。2020 年,全国群众安全感为 98.4%。中国长期保持社会和谐稳定、人民安居乐业,成为国际社会公认的最有安全感的国家之一。

（五）生态环境发生历史性变化

良好生态环境是最普惠的民生福祉,是全面小康最亮丽的底色。党既为当代计,也为万世谋,着眼中华民族永续发展,提出"绿水青山就是金山银山"理念,确立节约资源和保护环境的基本国策,大力推进美丽中国建设,辽阔大地山川更加秀美,人民生活的家园天更蓝、地更绿、水更清,地球家园增添了更多"中国绿"。

制定实施严格的生态文明制度。以法治理念、法治方式推动生态文明建设,实施"史上最严"的环境保护法,制修订一系列法律法规,基本形成生态环境法律法规框架体系,基本实现各环境要素监管主要领域全覆盖。从生态环境保护制度、资源高效利用制度,到生态保护和修复制度、生态环境损害责任终身追究制,再到环境保护目标责任制和考核评价制度、中央生态环境保护督察制度,中国以最严格的制度、最刚性的约束,促进发展转型,推动习惯养成,提升生态环境保护治理效能。全面落实河湖长制、林长制,把河道当街道管理、把库区当景区保护,山有人管、林有人造、树有人护、责有人担,实现山水"长治"。环境保护公众参与制度进一步完善,环境信息公开力度持续加大,公众参与环境决策和监督、投诉和举报环境违法行为的机制更加完善,民众环保意识不断增强,形成全民参与生态环境保护的新局面。14亿多人民是绿色发展的受益者,更是生态文明的建设者。

污染防治攻坚战取得显著成效。持续打好蓝天、碧水、净土保卫战,2020年,全国地级及以上城市空气质量优良天数比例为87.0%;PM2.5未达标地级及以上城市平均浓度比2015年下降28.8%;地表水水质优良率达到83.4%,居民集中式生活饮用水水源达标率为94.5%,地级及以上城市建成区黑臭水体已基本消除;受污染耕地安全利用率达到90%左右、污染地块安全利用率达到93%以上,如期实现固体废物进口清零目标。人们呼吸的空气更清新了、喝的水更干净了、吃的食物更放心了、生活的环境更优美了,切实感受到环境变化带来的幸福和美好,对蓝天白云、清水绿岸的满意度和获得感进一步提升。2020年,中国民众对生态环境质量的满意度达89.5%。

生态系统质量和稳定性不断提升。坚持系统观念,坚持节约优先、保护优先、自然恢复为主,统筹山水林田湖草沙一体化保护和系统治理,增强生态系统整体性,完善自然保护地、生态保护红线监管制度,筑牢国家生态安全屏障,促进生态环境持续改善,让中华民族在绿水青山中永续发展(专栏7)。全民义务植树持续开展40年,全国动员、全民动手、全社会共同参与,植树造林、绿化祖国成为全社会自觉行动。全国人工林面积扩大到11.9亿亩,不毛之地变成绿洲,黄土高坡披上绿装,中国成为全球森林资源增长最多和人工造林面积最大的国家。2020年底,全国森林覆盖率达到23.04%,草原综合植被覆盖度达到56.1%,湿地保护率达到50%以上。探索建立生态保护红线制度,生物多样性保护得到加强,各级各类自然保护地占到陆域国土面积的18%,山清水秀、小溪潺潺、草绿花红、鸟鸣虫吟的自然生态景观越来越多。国家森林城市创建持续推进,468个城市开展了国家森林城市建设,"让森林走进城市,让城市拥抱森林"逐渐成为现实。以国家园林城市创建为抓手,大力推动城市园林绿化,城市建成区绿地率达到38.24%,人均公园绿地面积达到14.78平方米。一个善待自然、青山常在、绿水长流、空气常新、人与自然和谐共生的美丽中国正越来越清晰起来。

塞罕坝机械林场。河北省塞罕坝机械林场自 1962 年建场以来,几代塞罕坝人在"黄沙遮天日、飞鸟无栖树"的荒山沙地上艰苦奋斗、甘于奉献,创造了将荒原变林海的人间奇迹。与建场初期相比,林场林地面积由 24 万亩增加到 115 万亩,林木蓄积量由 33 万立方米增加到 1036 万立方米,森林覆盖率由 11.4% 提高到 82%;每年可涵养水源、净化水质 2.74 亿立方米,固碳 81.41 万吨,释放氧气 57.06 万吨。建场以来,塞罕坝林场以累计 18 亿元的投入,实现资产总值达到 206 亿元,年经济收入由不足 10 万元增加到 1.6 亿元,林场职工年均收入达 10 万元,周边 4 万多群众受益,帮助 2.2 万贫困人口实现脱贫致富。2017 年,林场建设者被联合国授予"地球卫士奖"。

三北防护林工程。1978 年,为根本改变西北、华北、东北地区风沙危害和水土流失情况,中国启动实施三北防护林工程。工程涉及 13 个省区,建设总面积 406.9 万平方公里,占中国陆地总面积的 42.4%。工程规划从 1978 年开始到 2050 年结束,历时 73 年。规划造林面积 3508.3 万公顷,其中人工造林 2637.1 万公顷,占 75.1%;建设任务完成后,将使三北地区的森林覆盖率由 5.05% 提高到 14.95%,风沙危害和水土流失得到有效控制,是世界上最大的植树造林工程。至 2020 年底,累计完成造林保存面积 3014 万公顷,工程区森林覆盖率提高到 13.57%,特色林果业、生态旅游业快速发展,工程建设取得巨大生态、经济、社会效益。

浙江省"千村示范、万村整治"工程(简称"千万工程")。"千万工程"是"绿水青山就是金山银山"理念在基层农村的成功实践。2003 年,浙江省以农村生产生活生态的"三生"环境改善为重点,在全省启动"千万工程",开启了以改善农村生态环境、提高农民生活质量为核心的村庄整治建设大行动,目标是用 5 年时间,从全省 4 万个村庄中选择 1 万个左右的行政村进行全面整治,把其中 1000 个左右的中心村建成全面小康示范村。经过不懈努力,"千万工程"取得显著成效,造就了万千美丽乡村,带动浙江乡村整体人居环境领先全国。2018 年 9 月,浙江省"千村示范、万村整治"工程被联合国授予"地球卫士奖"。

绿色发展方式和生活方式逐步形成。"绿水青山就是金山银山"理念日益深入人心,生态优先、绿色低碳逐渐成为普遍遵循的发展路径,节约资源和保护环境的空间格局、产业结构、生产方式、生活方式加快形成。经济结构和能源结构持续调整,国土空间开发格局不断优化,环保产业、清洁能源产业、清洁生产等绿色产业蓬勃发展,清洁低碳转型步伐加快,经济社会发展和生态环境保护协同共进。中国成为世界利用新能源第一大国和世界节能进步最快的国家,2020年单位国内生产总值能耗和碳排放分别比2015年下降13.2%、18.8%。从农村厕所革命到生活垃圾、生活污水治理,从大力推进生活垃圾分类、城市黑臭水体治理到城市公园、绿地、绿道建设,城乡人居环境更加整洁、舒适、美丽。以公交、地铁为主的城市公共交通日出行量超过2亿人次,骑行、步行等城市慢行系统建设稳步推进,绿色、低碳出行理念深入人心。从"光盘"行动、节水节纸、节电节能,到环保装修、拒绝过度包装、告别一次性用品,"节俭风"吹进千家万户,简约适度、绿色低碳、文明健康的生活方式成为社会新风尚。

三、全面小康是全体人民的小康

中国的全面小康,是全体人民共同享有发展成果的小康。不让一个人掉队,不让一个区域落下,不让一个民族滞后,体现了实现人的全面发展和实现全体人民发展的有机统一,体现了实现共同富裕的社会主义本质要求。全面小康的阳光照亮960万平方公里广袤大地的每一个角落,14亿多人民、56个民族共同享有幸福美好的小康生活。

(一) 不让一个人掉队

中国是世界上最大的发展中国家,基础差、底子薄,发展不平衡,长期饱受贫困问题困扰。没有贫困人口的脱贫,没有贫困地区的小康,就没有全面建成小康社会。党团结带领人民,以坚定不移、顽强不屈的意志,与贫困长期斗争。党的十八大以来,党把农村贫困人口全部脱贫、贫困地区全部摘帽、解决区域性整体贫困,作为全面建成小康社会、实现第一个百年奋斗目标的底线任务和标志性指标,领导人民坚决打赢新时代脱贫攻坚战,完成了消除绝对贫困的艰巨任务。

贫困群众与全国人民一道迈进小康。实施精准扶贫方略,做到扶持对象、项目安排、资金使用、措施到户、因村派人、脱贫成效"六个精准",实施发展生产、易地搬迁、生态补偿、发展教育、社会保障兜底"五个一批"。到 2020 年底,中国如期完成新时代脱贫攻坚目标任务,现行标准下 9899 万农村贫困人口全部脱贫,832 个贫困县全部摘帽,12.8 万个贫困村全部出列。少数民族和民族地区脱贫攻坚成效显著,到 2020 年底,内蒙古自治区、广西壮族自治区、西藏自治区、宁夏回族自治区、新疆维吾尔自治区和贵州、云南、青海三个多民族省份 3121 万贫困人口全部脱贫;28 个人口较少民族全部实现整族脱贫,一些新中国成立后"一步跨千年"进入社会主义社会的"直过民族",又实现了从贫穷落后到全面小康的第二次历史性跨越。农村建档立卡贫困人口的收入和福利水平大幅提高,"两不愁三保障"全面实现,教育、医疗、住房、安全饮水等条件明显改善,既满足了基本生存需要,也为后续发展奠定了基础(专栏 8)。从 2016 年起,通过大力实施易地扶贫搬迁,960 多万居住在"一方水土难养一方人"地方的建档立卡贫困人口告别穷山恶水之地,易地搬迁,实现了脱贫。脱贫攻坚唤醒了贫困群众对美好生活的追求,提振和重塑了自力更生、自强不息、勤劳致富、勤俭持家、创业干事、创优争先的精气神,增强了脱贫致富的信心和劲头。脱贫攻坚任务目标完成后,对脱贫地区、脱贫人口实施跟踪监测,设立一定过渡期保持帮扶政策总体稳定,定期检查、动态管理,早发现、早干预、早帮扶,提升脱贫地区自主发展能力,激活脱贫人口自我发展动力,确保稳定脱贫、防止返贫。

专栏8 脱贫人口生活水平显著提升

收入水平快速提升。2020 年贫困地区农村居民人均可支配收入达到 12588 元,2013 年至 2020 年年均实际增长 9.2%,高出全国农村居民收入实际增速(7.0%)2.2 个百分点。贫困户全面实现不愁吃、不愁穿,平时吃得饱且能吃得好,一年四季都有应季的换洗衣物和御寒被褥。

自主脱贫能力稳步提高。通过多渠道开发就业岗位、大规模开展职业技能培训,帮助超过 3000 万贫困劳动力就业。贫困劳动力务工规模从 2016 年的 1527 万人增长至 2020 年的 3243 万人,三分之二以上建档立卡贫困人口通过就业实现脱贫,93.8%的建档立卡贫困户享受到了就业帮扶政策。

义务教育有保障。20 多万名建档立卡辍学学生实现动态清零,长期存在的建档立卡贫困学生的失辍学问题得到历史性解决。2020 年贫困县九年义务教育巩固率达到 94.8%。2012 年以来,累计有 514.05 万名建档立卡贫困学生接受高等教育,数以百万计的贫困家庭有了第一代大学生,其中重点高校面向农村和贫困地区定向招生计划累计招收 70 万人。

基本医疗有保障。持续完善县乡村三级医疗卫生服务体系,实施大病集中救治、慢病签约管理等措施,把贫困人口全部纳入基本医疗保险、大病保险、医疗救助三重制度保障范围,贫困人口参保率持续稳定在99.9%以上,三重制度综合保障下,贫困人口住院和门诊慢特病费用实际报销比例达到80%左右,全面实现贫困人口看病有地方、有医生、有医疗保险制度保障,看病难、看病贵、因病致贫等问题得到有效缓解。

住房安全有保障。全面实施脱贫攻坚农村危房改造,790万户、2568万贫困群众的危房得到改造;同步支持1075万户农村低保户、分散供养特困人员、贫困残疾人家庭等贫困群众改造危房;全国2341.6万户建档立卡贫困户实现住房安全有保障,农房抗震防灾能力和居住舒适度得到显著提升。

饮水安全有保障。实施农村饮水安全和巩固提升工程,累计解决2889万贫困人口的饮水安全问题,饮用水量和水质全部达标,3.82亿农村人口受益。贫困地区自来水普及率从2015年的70%提高到2020年的83%。

特殊困难群体生存发展权利有效保障。对特殊困难人员的生存和发展,采取特殊政策,加大帮扶力度,福利水平持续提高,生存权利充分保障,发展机会明显增多。坚持男女平等基本国策,将妇女作为重点扶贫对象,把缓解妇女贫困程度、减少贫困妇女数量放在优先位置,通过扶贫政策、资金、措施予以积极支持,帮助贫困妇女解决最困难最忧虑最急迫的问题,实现脱贫的近1亿人口中妇女约占一半,贫困妇女生存发展状况显著改善。实施《国家贫困地区儿童发展规划(2014—2020年)》。对儿童教育和健康实施全过程保障和干预,实施贫困地区儿童营养改善项目,为6—24月龄婴幼儿每天提供1包富含蛋白质、维生素和矿物质的辅食营养补充品,覆盖832个原国家级贫困县,累计有1120万儿童受益。组织各类志愿者与孤儿、农村留守儿童、困境儿童结对开展关爱帮扶,大幅提高孤儿保障水平,困境儿童关爱水平明显提高。适时提高城乡居民基本养老保险缴费和待遇水平,建立农村留守老年人关爱服务制度,加强失能贫困老年人关爱照护,贫困老年人生活和服务保障显著改善。700多万贫困残疾人如期脱贫,保障水平全面提升,特殊需求得到更好保障,贫困重度残疾人照护服务创新实践取得显著成效。

（二）城乡融合发展

全面小康是城乡区域共同发展的小康。城乡统筹更加协调,以人为核心的新型城镇化深入推进,"三农"突出问题不断解决,城乡分割逐步打破,城乡联系显著加强,城乡发展差距不断缩小。在小康社会建设中,农村与城镇双轮驱动、相辅相成、齐头并进。

乡村走向繁荣发展。乡村振兴战略深入实施,农业全面升级、农村全面进步、农民全面发展的目标逐步实现。农业现代化加快推进,粮食和重要农产品供给保障能力进一步提升,粮食产量连续 6 年稳定在 1.3 万亿斤以上,果菜茶肉蛋鱼等产量稳居世界第一。农业综合生产能力稳步提升,农业科技进步贡献率超过 60%,农作物耕种收综合机械化率达到 71%。设立中国农民丰收节,中国农民有了自己的专属节日。以种植业为主的农业经济转变为农林牧副渔全面发展和一二三产业融合发展,农业农村多种功能不断拓展,特色生态产业、农村电商、乡村旅游、休闲农业、文化体验、健康养老等新产业、新业态加快发展,推动乡村产业走向全面振兴。农村基础设施建设持续加强,硬化路、动力电、4G 网基本实现行政村全覆盖,农村物流水平稳步提升,快递基本实现"乡乡有网点"并加快"进村"步伐。越来越多的农村实现水源净化、道路硬化、夜晚亮化、能源清洁化、人居环境美化(专栏 9)。农房和村庄建设现代化加快推进,厕所革命成效显著,乡村建设整体水平不断提升,许多曾经的偏僻穷困乡村,如今旧貌换新颜,村如公园、户有花园,成为农民宜居宜业的美丽家园。农村彻底扫除青壮年文盲,九年义务教育全面巩固、质量持续提高,人口素质显著增强。健康乡村建设全面推进,村卫生室标准化建设和健康管理水平进一步提升,农民健康水平和人均寿命大幅提高。从农家书屋、文化礼堂到健身广场,农民文化生活丰富多彩。农民的开放意识、创新意识、科技意识、法治意识、市场意识等现代观念显著增强,简朴节约、绿色环保、讲究卫生等科学、健康、文明的生活方式成为新追求,婚事新办、丧事简办、孝老爱亲、扶危济困、扶弱助残等社会风尚广泛弘扬,既有乡土气息又有现代时尚的新时代乡村文明新风正在形成。一个个山清水秀、文明和谐、宜居宜业、欣欣向荣的美丽村庄正渐次出现在中国大地上,农业强、农村美、农民富的目标不断实现。

专栏 9　农村基础设施建设成就

　　"四好农村路"(建好、管好、护好、运营好农村公路)助推广大农民脱贫致富奔小康,2020 年,实现具备条件的乡镇和建制村通硬化路、通客车。62.6%的农户饮用水为经过净化处理的自来水,46.2%的农户做饭主要使用煤气、天然气、液化石油气。农户使用卫生厕所比例为 68%,农村生活垃圾进行收运处理的行政村比例超过 90%,农村生活污水治理率达到 25.5%。涉农信息服务站点已覆盖全国 80%的行政村。

　　城镇化水平持续提高。城镇化是现代化的必由之路,是实现全面小康的幸福之路。新中国成立前,中国大地上城镇寥若晨星、衰败破落;今天的中国,城镇繁星璀璨、繁华时尚。中国经历了世界近现代史上规模最大、速度最快的

城镇化进程,从 1949 年至 2020 年,常住人口城镇化率由10.6% 提高到 63.9%,城市数量由 132 个增长到 687 个,建制镇数量由 2000 个增长到 2.1 万多个。现代化国际化的大都市、厚重雍容的历史古都、典雅精致的文化名城、类型迥异的特色小镇,星罗棋布,城城不同,风景各异。城镇化的加快推进,形成了面积庞大、人口众多、联系紧密的城市群,成为经济发展和现代化建设的重要载体,提升了城市运行效率和居民生活质量。中国基本形成以城市群为主体、都市圈为依托,大中小城市和小城镇协调发展的城镇体系。

以人为核心的新型城镇化加快推进。宜居、创新、智慧、绿色、人文、韧性城市建设有序推进,城市成为人民高品质生活的空间。水、电、路、气、信息网络等基础设施发达,城市运行更加安全,居民基本生活需求得到充分保障(专栏 10)。就业机会更多元、更公平,教育资源更优质、更均衡,医疗体系更完善、更先进,购物、出行更智能、更便捷,越来越多的人进入城市,城市居民生活水平不断提升。图书馆、博物馆、美术馆、展览馆、体育馆、文化馆、影剧院量质齐升,全民阅读活动、城市公共文化空间、公共文化数字化网络化智能化加快发展,城市基本公共文化服务更普惠、更优质、更精准,人们多姿多彩、更高层次的追求不断得到满足。

白天的城市车水马龙,夜晚的城市流光溢彩,夜市、夜间演出、深夜书店、灯光秀、24小时便利店越来越多,夜生活、夜经济、夜文化悄然兴起,人们充分享受高品质的"八小时以外"生活。城市人居环境明显改善,望得见山、看得见水、记得住乡愁的美好愿景正在生动展现出来。城市规划建设突出以人为本,更考虑人的因素、更强调人性化设计,生产空间、生活空间、生态空间更加清晰合理。保护历史遗存、留住城市记忆、延续城市文脉正在成为城市建设的新常态,城市历史文化底蕴更加深厚。成渝双城经济圈高效率推进,成为带动全国高质量发展的重要增长极和新的动力源。雄安新区建设全面提速,一座承载着"千年大计、国之大事"的未来之城、一个社会主义现代化城市的样板和标杆正在迅速崛起。

专栏10 城市基础设施建设成就

2020年,中国城市道路长度达45.92万公里,道路面积达90.97亿平方米,公共汽电车运营数量达70.4万辆。城市供水普及率和燃气普及率分别为99%、97.9%,城市集中供热面积达到98.82亿平方米;城市排水管道长达80.3万千米,污水处理率和生活垃圾无害化处理率分别为97.5%和99.7%;城市绿地建成区面积达239.8万公顷,建成区绿化覆盖率达42.1%。

新型工农城乡关系加快形成。城市的发展,辐射和带动了乡村的发展;乡村的振兴,支持和促进了城市的发展。城乡劳动力、资本、技术、数据等要素流动更加畅通,城市落户限制逐步消除,促进城市人才、资本、科技入乡政策建立健全,农村农业发展潜力进一步释放。户籍制度改革不断深化,城乡统一的户口登记制度全面建立,农业转移人口城镇化进程不断加速。2016 年至 2020 年,约 1 亿左右农业转移人口在城镇落户。居住证制度全面实行,义务教育、医疗卫生、技能培训、社会保障等基本公共服务加快覆盖城镇常住人口。农村居民在城乡之间发展空间越来越大,可以安稳留乡,有地种、有房住;可以踏实进城,能就业、有收入;可以返乡创业,有平台、有政策。城乡居民收入差距进一步缩小,城乡居民人均可支配收入比值自 2008 年以来连续 13 年平稳下降,2020 年为 2.56∶1。城乡基础设施建设向着联通化、一体化的方向加快迈进,交通运输更加便捷顺畅,畅通了工业品下乡、农产品进城双向流通渠道,有效促进了农民增收。县城短板弱项加快补齐,越来越多的农民选择到县城安家置业。农家乐、生态游、乡村民宿蓬勃发展,越来越多的城市居民到乡村休闲度假,越来越多的进城务工人员返乡创业,为乡村振兴提供了新动能。今天的中国城镇,为农业农村发展提供人才、资金、科技支撑,不断满足农村居民日益增长的消费需求,为进入城镇的农村居民提供越来越多的就业机会和越来越完善的基本公共服务。今天的中国乡村,不仅是城市的"米袋子""菜篮子",让城市居民吃得更好、更健康,而且为城市发展输送更多建设者、提供庞大消费市场,吸引着越来越多的城市居民到乡村就业创业。工农互促、城乡互补、协调发展、共同繁荣的新型工农城乡关系正在加快形成。

(三)区域协调发展

中国幅员辽阔、人口众多,各地区自然资源禀赋差别大、发展不平衡。经过长期努力,统筹区域发展取得重大进展,东部地区率先发展,西部大开发、东北振兴、促进中部地区崛起等区域发展战略相继实施,京津冀协同发展、长江经济带发展、粤港澳大湾区建设、长三角区域一体化发展、黄河流域生态保护和高质量发展等区域发展重大战略高质量推进,主体功能区战略和制度逐步完善,形成了国土空间布局更加优化,东西南北中纵横联动,主体功能明显、优势互补的区域协调发展新格局。

区域发展重大战略高质量推进,区域协调发展呈现新格局。京津冀协同发展迈出坚实步伐,从塔吊林立、热火朝天的雄安新区建设现场到水城共融、蓝绿交织、文化传承的北京城市副中心,从"轨道上的京津冀"到生态联防联控联治、产业升级转移,从协同发展体制机制日趋完善到基本公共服务均等化水平持续提高,北京非首都功能疏解有序推进,空间布局和经济结构优化提升,京畿大地涌动着活力与生机。长江经济带坚持生态优先、绿色发展的战略定位和共抓大保护、不搞大开发的战略导向,把修复长江生态环境摆在压倒性位置,推动经济社会发展全面绿色转型,力度之大、规模之广、影响之深前所未有,生态环境保护发生转折性变化,经济社会发展取得历史性成就。粤港澳大湾区建设持续推进,硬联通、软联通不断加强,与国际接轨的开放型经济新体制加速构建,三地合作更加深入广泛,大湾区综合实力显著增强。长三角区域一体化进程加快,政策协同、产业合作、设施共建、服务共享、分工合理的一体化格局逐渐成形,全国发展强劲活跃增长极、全国高质量发展样本区率先基本实现,现代化引领区、区域一体化发展示范区、新时代改革开放新高地正在形成。黄河流域生态保护和高质量发展扎实起步,生态系统修复加速,新旧动能转换成效显著,黄河流域重要生态屏障作用进一步发挥,黄河流域特色鲜明的高质量发展区域布局正在形成。

东中西和东北"四大板块"优势互补、齐头并进,陆海统筹力度加大。西部地区基础设施和生态环境建设取得重大进展,积极承接东部产业转移,优势区域重点发展、生态功能区重点保护的新格局正在形成。2020年,西部地区生产总值占全国的比重较1999年提高3.1个百分点。东北地区加快建设现代化经济体系,不断推进资源枯竭型城市转型,优质农业、装备制造业发展壮大,寒地冰雪、生态旅游等特色产业蓬勃发展,老工业基地焕发新的生机,营商环境不断改善。中部地区经济总量占全国的比重进一步提升,粮食生产基地、能源原材料基地、现代装备制造及高科技产业基地和综合交通运输枢纽地位更加巩固,新型城镇化、新型工业化主战场的作用进一步发挥,国家现代化经济增长新动能区域的功能进一步凸显。东部地区继续发挥改革开放先行先试、综合创新能力强、现代制造领先、服务业高端的优势,科技创新投入持续加大,产业转型升级和新旧动能转换加快推进,战略性新兴产业快速发展,在建设自由贸易试验区、全面创新改革试验区等方面成效显著,经济社会现代化水平进一步提升,国际竞争力进一步增强。海洋经济综合实力不断提升,发展布局持续优化,海洋科技自主创新取得新突破,海洋生态环境保护进一步加强,海上开放合作不断拓展,为推进建设海洋强国奠定了坚实基础。

四、全面小康是奋斗出来的小康

中国的全面小康,是中国人民依靠自己的辛劳和智慧,拼搏奋斗出来的。新中国成立时,面对的是一个积贫积弱、满目疮痍的烂摊子。中国共产党团结带领人民,白手起家、自力更生、艰苦奋斗,干出了一片新天地,实现了千百年来梦寐以求的小康。小康美好生活,是人民创造的;小康壮丽史诗,是人民书写的。

(一) 始终以人民为中心

小康大业,富民为本。中国共产党干革命、搞建设、抓改革,都是为了让人民过上幸福生活。在小康社会建设进程中,党坚守初心使命,为了人民奋斗,依靠人民奋斗,团结人民共同奋斗,不断把小康事业推向前进。

恪守全心全意为人民服务的根本宗旨。中国共产党是为人民奋斗的政党,始终把人民放在第一位,坚持尊重社会发展规律和尊重人民历史主体地位的一致性,坚持为崇高理想奋斗和为最广大人民谋利益的一致性,坚持完成党的各项工作和实现人民利益的一致性,不断把为人民造福事业推向前进。党来自人民、植根人民,最懂人民疾苦,最懂人民期盼,最懂人民向往。从"为人民服务",到"把人民拥护不拥护、赞成不赞成、高兴不高兴、答应不答应作为制定方针政策和作出决断的出发点和归宿""代表最广大人民的根本利益""实现好、维护好、发展好最广大人民的根本利益",再到"人民对美好生活的向往,就是我们的奋斗目标",党践行全心全意为人民服务的根本宗旨,一以贯之,坚定不移,努力建成人民满意、高质量的小康社会。

把人民对美好生活的向往作为奋斗目标。党把最广大人民根本利益作为作决策、定政策的最高标准,在小康社会建设的不同历史时期,都是从人民利益出发,想人民之所想、急人民之所急、解人民之所困。党把发展作为执政兴国的第一要务,坚持发展就是硬道理,不断解放和发展生产力,不断提高发展质量和水平,不断促进人的全面发展和全体人民共同富裕。进入新时代,人民对美好生活的向往更加强烈,党以人民忧乐为忧乐,以人民甘苦为甘苦,团结带领人民决胜全面小康,推出一系列开创性举措,人民享有更多实实在在的发展成果,小康社会建设不断取得实质性进展。

依靠人民创造小康伟业。小康是人民的小康,全面建成小康社会离不开全体人民的共同参与、共同建设、共同努力。党始终坚持人民主体地位,最广泛地发动和组织人民为着自己的利益而拼搏,为实现小康而奋斗,战胜一个又一个困难,取得一个又一个胜利。党充分尊重人民所表达的意愿、所创造的经验、所拥有的权利、所发挥的作用,激励号召人民自力更生、艰苦奋斗,激发人民创造伟力,凝聚人民智慧力量。党在不同历史时期,不断巩固和发展最广泛的统一战线,团结一切可以团结的力量,调动一切可以调动的积极因素,为全面建成小康社会汇聚各方力量。在小康社会建设伟大进程中,亿万中华儿女同心同德、同舟共济,把热血、汗水洒在中国大地上,为创造美好生活牺牲奋斗,书写了彪炳史册的人间奇迹。

(二) 制定正确路线和战略策略

小康社会建设,事关人民切身利益,事关中华民族伟大复兴战略全局,政策和策略至关重要。在不同历史时期,党科学分析面临形势,准确把握内外条件,紧密结合实际,科学制定目标和任务、政策和路径,使小康社会建设在正确路线指引下向前推进。

加强战略谋划和顶层设计。党统筹全面小康的奋斗目标、发展动力、实现路径、机遇挑战、内外条件等关键因素，坚持系统观念，坚持前瞻性思考、全局性谋划、战略性布局、整体性推进。改革开放后，党根据中国人口基数大、国情复杂、发展不平衡的实际，正确处理和把握沿海与内地、东部与西部、先富与后富的关系，允许一部分地区、一部分人先富起来，然后带动所有地区、所有人共同富裕，走出一条"先富带后富、沿海带内地"的路子，推动人民生活质量和社会共享水平显著提升。进入新时代，党科学判断中国发展所处的历史方位，准确把握决胜全面小康特征，作出统筹推进"五位一体"总体布局、协调推进"四个全面"战略布局的决策部署，以全面建成小康社会为战略目标，以全面深化改革、全面依法治国、全面从严治党为战略举措，以打赢脱贫攻坚战为底线任务，深化供给侧结构性改革，推进高水平对外开放，加快构建新发展格局，推动高质量发展，团结带领人民取得全面建成小康社会胜利。党顺应世界发展大势，把握和平与发展时代主题，坚持独立自主的和平外交政策，团结带领人民坚定不移走和平发展道路，积极推动构建人类命运共同体，既争取和平的国际环境发展自己，又以自身的发展维护世界和平、促进共同发展,为全面建成小康社会创造了有利外部环境。

制定和实现阶段性目标。为了实现小康目标,党采取渐进策略,提出一个时期内可以实现的目标和任务,一步一步推进,积小胜为大胜。上世纪 60 年代,党提出在 20 世纪内实现"四个现代化"的奋斗目标和"两步走"的设想。改革开放初期,党提出到 20 世纪末人民生活达到小康水平的目标。上世纪 80 年代中期,党制定"三步走"发展战略;90 年代中期,制定新的"三步走"发展战略。进入新世纪,党提出在 21 世纪头 20 年,全面建设惠及十几亿人口的更高水平的小康社会。进入新时代,党提出到建党 100 年时全面建成小康社会。为了实现阶段性目标,以五年为一个周期,制定和实施国民经济和社会发展计划(规划),使小康社会建设能够分阶段、稳定连贯地持续推进,以此推动发展、实现发展。党领导人民,锚定全面小康目标,一步一个脚印,久久为功,持续用力,使全面小康目标一步步成为现实。

不断总结经验、探索规律。在小康社会建设进程中,党领导人民边探索边实践,注重总结经验,对为什么建设小康、建设什么样的小康、怎样建成小康的认识不断深化。从

"贫穷不是社会主义,发展太慢也不是社会主义",到"实现共同富裕是社会主义的本质要求",再到"不断推进人的全面发展、实现全体人民共同富裕",党对社会主义本质的认识不断深化,对小康社会建设的目的不断清晰。从富强民主,到富强民主文明和谐,再到富强民主文明和谐美丽,党对社会主义现代化建设目标的认识不断拓展,对小康社会建设内涵的把握更加全面。从"经济增长方式"到"经济发展方式",从全面、协调、可持续的发展观到创新、协调、绿色、开放、共享的新发展理念,从高速增长到高质量发展,党对全面建成小康方式路径的认识不断深化。在长期实践中,党注重研究规律、把握规律、遵循规律、运用规律,在经济、政治、文化、社会、生态文明建设等方面探索形成一系列行之有效的路子,提升了小康社会建设的成效。

在解决矛盾问题、化解风险挑战中推动发展。党始终坚持问题导向,不断发现问题、善于解决问题,每解决一个问题,就把小康社会建设向前推进一步。从人民日益增长的物质文化需要同落后的社会生产之间的矛盾,到人民日益增长的美好生活需要和不平衡不充分的发展之间的矛盾,党科学分析、准确把握不同历史时期中国社会的主要矛盾,有针对性地制定政策措施,不断解决发展中的突出矛盾和问题。面对国内和国际的、传统和非传统的、人类社会和自然界的、可预测和不可预测的多种复杂严峻的风险挑战，党领导人民迎接挑战、从容应对，敢于斗争、敢于胜利，保持了发展的连续性和稳定性。党的十八大以来，党紧紧扭住关系人民群众切身利益的突出矛盾和问题，着力破除阻碍束缚实现公平正义、实现共同富裕的桎梏和顽疾，不断补齐全面建成小康社会的短板和弱项，从防止资本无序扩张到让人民群众在每一个司法案件中感受到公平正义，从坚持"房子是用来住的、不是用来炒的"到实施"双减"解决教育领域突出问题，从推动高质量发展到统筹发展与安全，一系列开创性举措，不仅确保了全面建成小康社会如期实现，也为长远发展奠定了坚实基础。

（三）在改革开放中推进发展

改革开放是全面建成小康社会的必由之路，是决定当代中国命运的关键一招，也是决定实现"两个一百年"奋斗目标、实现中华民族伟大复兴的关键一招。党领导人民顺应历史潮流、把握历史机遇，准确识变、科学应变、主动求变，不断深化改革、坚持扩大开放，实现了当代人类社会最伟大的经济和社会转型。

改革为全面小康注入动力、释放活力。面对小康社会建设进程中出现的新情况新问题，党领导人民解放思想、实事求是，与时俱进、改革创新，不断破除阻碍发展的矛盾和束缚。从家庭联产承包责任制到兴办经济特区，从单一公有制到公有制为主体、多种所有制经济共同发展和坚持"两个毫不动摇"，从传统的计划经济体制到社会主义市场经济体制再到使市场在资源配置中起决定性作用、更好发挥政府作用，从以经济体制改革为主到全面深化经济、政治、文化、社会、生态文明体制改革和党的建设制度改革，改革开放成为当代中国最显著的特征、最壮丽的气象。党的十八大以来，面对改革进入攻坚期和深水区，党领导人民以巨大政治勇气推进全面深化改革，革除制约和束缚发展的深层次弊端，推出 2400 多项改革举措，在重要领域和关键环节取得决定性成果，改革呈现全面发力、多点突破、蹄疾步稳、纵深推进局面，若干领域实现了历史性变革、系统性重塑、整体性重构。在推进改革实践中，党领导人民既大胆试、大胆闯，又实事求是、善作善成，坚持"摸着石头过河"和顶层设计相结合，坚持问题导向和目标导向相统一，坚持试点先行和全面推进相促进，实现了改革、发展、稳定的有机统一，使小康社会建设积极向前推进。

小康社会建设在中国与世界联系互动中推进。中国是世界的中国,中国的发展离不开世界。党领导人民坚定不移走开放道路,打开国门搞建设,拥抱世界、学习世界、融入世界,大规模"请进来",大踏步"走出去",以开放促改革、促发展、促创新,实现了从封闭半封闭到全方位开放的历史性转变。进入新时代,党领导人民实施更大范围、更宽领域、更深层次的全面开放,从推动高质量共建"一带一路"到打造中国国际进口博览会等一系列重要平台,从设立自由贸易试验区到不断优化营商环境,中国对外开放的大门越开越大。越来越多的外国企业来中国投资兴业,越来越多的外国人士来中国学习工作、观光旅游,越来越多的中国企业到国外投资,越来越多的中国人赴国外留学、工作、旅游。对外开放为中国带来了资金、先进技术和管理经验,转变了中国人民的思想观念,激发了中国人民的创造热情,显著提升了中国的现代化建设水平。中国在发展自己的同时贡献世界、造福世界,中国的开放发展,为其他国家提供了广阔市场;中国开展对外投资合作,促进了当地经济增长和就业;中国积极参与国际分工,推动全球资源配置更加合理;中国出口产品品质优良,满足了国际市场需求;中国人足迹遍布全球,促进了中外交流互鉴。

（四）几代人苦干实干、接续奋斗

中国的全面小康是辛辛苦苦干出来的。对于中国这样一个有着 14 亿多人口的大国，好日子等不来、要不来，唯有奋斗，别无他路。中国共产党领导人民，锚定目标、顽强拼搏，驰而不息、接续奋斗，付出难以想象的辛劳和汗水，铺展开一幅山河锦绣、国泰民安的时代画卷，走上了全面建成小康、迈向共同富裕的康庄大道。

坚持独立自主，坚定不移走自己的路。在中国这样一个人口众多和发展落后的大国，建设全面惠及十几亿人口的更高水平的小康社会，道路问题是最根本的问题。在长期探索实践中，党领导人民把马克思主义基本原理同中国具体实际相结合、同中华优秀传统文化相结合，坚持独立自主，坚持中国的事情按照中国的特点、中国的实际来办，走出一条中国特色社会主义道路。这条道路，既以经济建设为中心，又全面推进经济、政治、文化、社会、生态文明以及其他各方面建设；既坚持四项基本原则，又坚持改革开放；既不断解放和发展生产力，又促进人的全面发展、逐步实现全体人民共同富裕。在科技领域，党领导人民自立自强，坚持独立自主的科技创新，依靠中国人自己的力量，实现了科技实力的跨越式提升。党领导人民始终坚持自力更生为主的方针,把发展的主动权牢牢掌握在自己手中,在几十年时间里走完发达国家几百年的现代化历程,创造了世所罕见的经济快速发展奇迹和社会长期稳定奇迹。

亿万人民不懈奋斗,把小康的美好愿景变成现实。中国人民勤劳勇敢,吃苦耐劳。新中国成立后,面对满目疮痍、一穷二白的烂摊子,从城市到农村,从工业农业战线到科技战线,中国人民在物质技术极其匮乏的条件下,发扬革命加拼命的优良传统和一不怕苦二不怕死的革命精神,吃大苦、耐大劳,自力更生、艰苦创业,用双手和双肩战天斗地,用鲜血和汗水改天换地,新中国从废墟上迅速站起。改革开放新时期,中国人民以"杀出一条血路"的胆魄和勇气,敢闯敢试、敢为人先,在中国大地上掀起前所未有的改革热潮,用自己的辛劳和汗水一砖一瓦建造起中国现代化的高楼大厦。进入新时代,中国人民弘扬伟大创造精神、伟大奋斗精神、伟大团结精神、伟大梦想精神,撸起袖子加油干,一张蓝图绘到底,攻克一个个难关,战胜一个个困难,创造了让世界刮目相看的奇迹。在全面建成小康社会的伟大征程中,每个人都拼搏奋斗、追梦圆梦,努力成为最好的自己,把平凡做成了不起,在发展自己的同时奉献社会、贡献国家。全面建成小康社会的伟大成就,是中国人民用自己的双手创造的,是一代又一代中国人民接力奋斗创造的。

海外侨胞积极支持、热情参与小康社会建设。广大海外侨胞不忘祖籍、心系祖国,为小康社会建设,为中华民族发展壮大作出了重要贡献。国家的强盛、民族的复兴,极大增强了海外侨胞的民族自豪感和向心力。海内外中华儿女,共享小康美好,同享民族荣光。

中国共产党的领导是中国全面建成小康社会的根本保证。在不同历史时期,党洞察时代大势,科学分析形势,把握发展规律,作出正确决策,确保了小康社会建设不断推进。党充分发挥总揽全局、协调各方的作用,充分发挥中国特色社会主义制度优势,把亿万人民团结和凝聚起来,汇聚起小康社会建设的磅礴力量。一代又一代中国共产党人,弘扬伟大建党精神,顽强拼搏、不懈奋斗,为实现全面小康付出巨大牺牲。没有中国共产党的领导,就没有全面建成小康。中国共产党是中国人民过上好日子的领路人,党和人民同心同德、苦干实干,中国人民的日子越过越好。

五、中国全面小康的世界意义

世界好,中国才能更好;中国好,世界才会更好。中国始终把自身发展置于人类发展的坐标系中,始终把中国人民利益同各国人民共同利益结合起来,始终做世界和平的建设者、全球发展的贡献者、国际秩序的维护者、公共产品的提供者。中国全面建成小康社会,为构建人类命运共同体贡献了中国智慧和中国力量。

作为全球人口最多的国家和世界上最大的发展中国家,中国全面建成小康社会,让国家更富强、人民更幸福、社会更稳定,本身就是对世界和平与发展的巨大贡献。1979年至2020年,中国国内生产总值年均增长9.2%,远高于同期世界经济增长2.7%左右的水平,增长速度和持续时间在世界范围内名列前茅,成为世界经济增长的重要引擎。自2006年起,中国连续15年成为世界经济增长的最大贡献国,对世界经济增长的平均贡献率超过30%。2008年,全球遭遇严重金融危机,世界经济受到重创,中国采取一系列有效措施成功应对危机,经济迅速回升向好,并持续保持中高速增长,成为世界经济增长的主要稳定器和动力源。新冠肺炎疫情发生后,中国率先控制疫情,率先实现复工复产,率先实现经济增长由负转正,再次成为拉动全球贸易和经济复苏的重要引擎。中国科技创新为其他国家人民生产生活带来更多便利,为世界经济增长提供了新动能。中国用占全球 9% 的耕地养活了占世界近 20% 的人口,而且满足了高质量、多样化的农产品消费需求。中国大力加强生态环境治理,是世界生态文明建设的重要力量,近 20 年来,中国新增植被覆盖面积约占全球新增总量的 25%,中国贡献占比居全球首位,成为全球增加森林资源最多的国家。中国积极推进绿色低碳发展,承诺力争 2030 年前实现碳达峰、2060 年前实现碳中和,意味着中国将完成全球最大碳排放强度降幅,用全球历史上最短的时间实现从碳达峰到碳中和。新中国成立以来,中国持续保持社会大局稳定,这既是中国人民的福祉,也是中国为世界和平稳定作出的贡献。

中国全面建成小康社会,显著缩小了世界贫困人口版图。摆脱贫困是困扰全球发展和治理的突出难题。中国立足本国国情,把握减贫规律,以坚定不移、顽强不屈的信念和意志与贫困作斗争,通过自身发展为人类反贫困作出贡献。改革开放以来,按照现行贫困标准计算,中国 7.7 亿农村贫困人口摆脱贫困;按照世界银行标准,中国减贫人口占同期全球减贫人口 70% 以上,提前 10 年实现《联合国 2030 年可持续发展议程》减贫目标。中国全面建成小康社会,占世界近 20% 人口的 14 亿多中国人民踏上全面建设社会主义现代化国家新征程,这是人类历史上前所未有的大变革、大事件。在近年来世界贫困人口不降反增、全球减贫事业遭遇瓶颈的背景下,中国减贫取得的成就,为全球减贫事业作出重要贡献、注入信心和力量。

中国全方位对外开放促进合作共赢。中国开放的大门不会关闭,只会越开越大。面对逆全球化思潮,中国坚定不移奉行互利共赢的开放战略,坚持发展更高层次的开放型经济,推动形成全面开放新格局,为各国提供更多市场机遇、投资机遇、增长机遇。自由贸易试验区不断扩容、海南自由贸易港建设加快推动,不断打造对外开放新高地。中国持续优化营商环境,为外国投资者提供更广阔的空间、更优质的营商环境,在全球 190 个经济体中,中国营商环境排名由 2012 年的第 91 位跃升至 2020 年的第 31 位。中国实行高水平的贸易和投资自由化便利化政策,制定外商投资了机遇。未来之中国,将以更加开放包容的姿态拥抱世界,同世界形成更加良性的互动,为推动构建人类命运共同体、建设更加美好的世界作出新的更大贡献。

结　束　语

全面建成小康社会,实现了中国现代化建设的阶段性目标,中华民族伟大复兴迈出了关键一步。站在新的历史起点上,中国共产党团结带领中国人民,意气风发地踏上了全面建设社会主义现代化国家、实现中华民族伟大复兴的新征程。

中国全面建成了小康社会,但发展不平衡不充分问题仍然突出。重点领域关键环节改革任务仍然艰巨,创新能力不适应高质量发展要求,农业基础还不稳固,城乡区域发展和收入分配差距较大,生态环保任重道远,民生保障存在短板,社会治理还有弱项。中国共产党将团结带领人民继续奋斗,付出更加艰巨、更加艰苦的努力,不断把为人民造福事业推向前进。

当今世界正经历百年未有之大变局,新一轮科技革命和产业变革深入发展,国际力量对比深刻调整,和平与发展仍是时代主题。百年变局与世纪疫情交织叠加,经济全球化遭遇逆流,全球深层次矛盾突出,不稳定性不确定性增加,维护世界和平、促进共同发展面临更多挑战。

经过长期奋斗,中国发展取得巨大成就,积累了坚实基础,完全有能力、有信心、有底气实现第二个百年奋斗目标,创造让世界刮目相看的新的更大奇迹。面向未来,中国将把握新发展阶段、贯彻新发展理念、构建新发展格局,深入推进中国式现代化,在实现高质量发展中推动人的全面发展、全体人民共同富裕不断取得实质性进展。

到 2035 年,中国将基本实现社会主义现代化。到那时,中国经济实力、科技实力、综合国力将大幅跃升,经济总量和城乡居民人均收入将再迈上新的大台阶,关键核心技术实现重大突破,进入创新型国家前列;基本实现新型工业化、信息化、城镇化、农业现代化,建成现代化经济体系;基本实现国家治理体系和治理能力现代化,人民平等参与、平等发展权利得到充分保障,基本建成法治国家、法治政府、法治社会;建成文化强国、教育强国、人才强国、体育强国、健康中国,国民素质和社会文明程度达到新高度,国家文化软实力显著增强;广泛形成绿色生产生活方式,碳排放达峰后稳中有降,生态环境根本好转,美丽中国建设目标基本实现;形成对外开放新格局,参与国际经济合作和竞争新优势明显增强;人均国内生产总值达到中等发达国家水平,中等收入群体显著扩大,基本公共服务实现均等化,城乡区域发展差距和居民生活水平差距显著缩小;平安中国建设达到更高水平,基本实现国防和军队现代化;人民生活更加美好,人的全面发展、全体人民共同富裕取得更为明显的实质性进展。

到 21 世纪中叶,中国将建成富强民主文明和谐美丽的社会主义现代化强国。到那时,中国物质文明、政治文明、精神文明、社会文明、生态文明将全面提升,实现国家治理体系和治理能力现代化,成为综合国力和国际影响力领先的国家,全体人民共同富裕基本实现,中国人民将享有更加幸福安康的生活,中华民族将以更加昂扬的姿态屹立于世界民族之林。

实现共同富裕,让全体人民享有现代化生活,不是一件轻轻松松的事情。中国共产党将始终坚持以人民为中心的发展思想,着力解决发展不平衡不充分问题和人民急难愁盼问题,坚决破除实现共同富裕、实现公平正义的阻碍和束缚,脚踏实地,久久为功,团结带领人民朝着共同富裕目标扎实迈进。

前路不会平坦,前景光明辽阔。有中国共产党的坚强领导,有全国人民的紧密团结,有海内外中华儿女的同心奋斗,中国一定能够全面建成社会主义现代化强国,中国人民一定能够过上更加幸福美好的生活,中华民族一定能够为人类社会发展进步作出新的更大贡献。

责任编辑：刘敬文

图书在版编目（CIP）数据

中国的全面小康/中华人民共和国国务院新闻办公室 著.—北京：人民出版社，2021.9
ISBN 978－7－01－023824－1

Ⅰ.①中…　Ⅱ.①中…　Ⅲ.①小康建设-中国　Ⅳ.①F124.7

中国版本图书馆 CIP 数据核字（2021）第 196516 号

中国的全面小康

ZHONGGUO DE QUANMIAN XIAOKANG

（2021 年 9 月）

中华人民共和国国务院新闻办公室

人民出版社 出版发行

（100706　北京市东城区隆福寺街 99 号）

中煤（北京）印务有限公司印刷　新华书店经销

2021 年 9 月第 1 版　2021 年 9 月北京第 1 次印刷
开本：787 毫米×1092 毫米 1/16　印张：5
字数：44 千字

ISBN 978－7－01－023824－1　定价：21.00 元

邮购地址　100706　北京市东城区隆福寺街 99 号
人民东方图书销售中心　电话（010）65250042　65289539